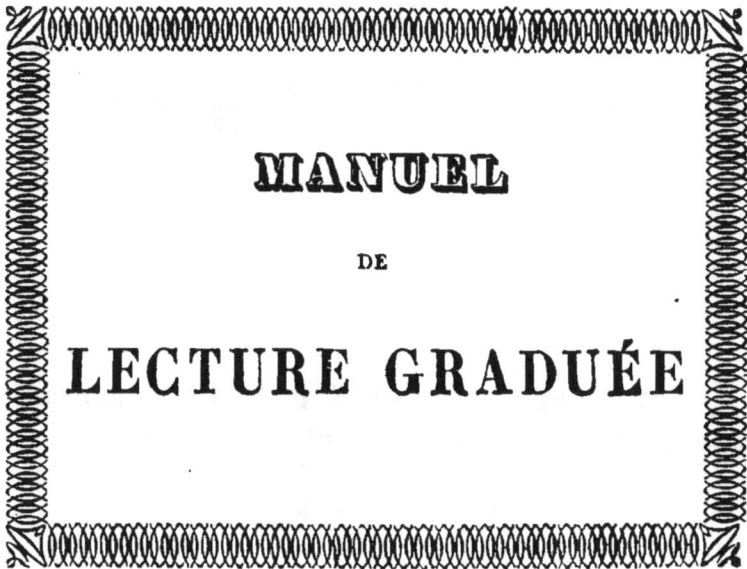

MANUEL

DE

LECTURE GRADUÉE

Nº 1.

AVIS.

Ce manuel est divisé en SIX PARTIES dont chacune se vend séparément 10 cent.

IMPRIMERIE DE DUCESSOIS,

éditeur de la GAZETTE SPÉCIALE DE L'INSTRUCTION PUBLIQUE,

paraissant tous les Jeudis; 9 fr. par année.

Quai des Augustins, 55.

MANUEL

DES

LEÇONS MÉTHODIQUES

DE

LECTURE GRADUÉE

APPLICABLES

A tous les modes d'enseignement,

PAR

A. LEFÈVRE,

Instituteur communal.

———⚬❊⚬———

PARIS

CHAMEROT, LIBRAIRE-EDITEUR ;

Success^r. de M. BRUNOT-LABBE, *ancien libraire de l'Université,*
Quai des Augustins, 33.

—

1838.

LEÇONS MÉTHODIQUES

DE

LECTURE GRADUÉE

Exposé.

Rien d'inutile, mais tout ce qui est utile: voilà en deux mots la base et l'exposé de cet ouvrage. L'auteur a pris notre orthographe telle qu'on la trouve dans les bons dictionnaires, sans se permettre de la *réformer*; ce n'était point là sa tâche. Toute son ambition s'est bornée à rendre l'étude de la lecture plus facile, en composant une métho de simple, naturelle, claire, élémentaire, pratique, graduée, où les difficultés orthographiques n'ont été ni *éludées* ni *agglomérées* avec exagération dans quelques classes. Il n'a rien inventé, mais il a coordonné. A l'élève qui commence, point de savantes théories qu'il ne pourrait comprendre, point de règles que démentent une foule d'exceptions, point de procédés qui exigent trop ou trop peu d'intelligence et d'efforts.

Classification.

L'enseignement de la lecture est divisé en 8 Classes, chaque classe en 15 Leçons.

1re Classe. Voyelles, consonnes, accents ; alphabets majeurs et mineurs en lettres romaines et en cursives.

2e Classe. Mots ayant au plus *deux* syllabes , et *deux* lettres par syllabe, applications de *deux* mots.

3e Classe. Mots ayant au plus *trois* syllabes, et *trois* lettres par syllabe; applications de *trois* mots.

4e Classe. Mots ayant au plus *quatre* syllabes, et *quatre* lettres par syllabe ; applications de *quatre* mots.

5ᵉ CLASSE. Mots ayant plus ou moins de *cinq* syllabes, et de *cinq*
    lettres par syllabe ; applications de *cinq* mots.
6ᵉ CLASSE. Préparation à la lecture des mots non syllabés, phrases
    monosyllabiques, dissyllabiques, trissyllabiques, quadrisyl-
    labiques, formant récapitulation de l'orthographe complexe.
7 CLASSE. Lecture morale et religieuse. Prose et poésie.
8ᵉ CLASSE. Ouvrages divers.
    (Sous presse, Traité pratique complet de toutes les difficultés de
la lecture et de l'orthographe usuelle.)

Développements

sur la composition de l'ouvrage.

Toutes les combinaisons syllabiques et toutes les difficultés orthographiques sont très-méthodiquement réparties entre les classes 2 à 5,
dont chacune comprend :
1º L'ORTHOGRAPHE SIMPLE, où les syllabes sont composées
d'une voyelle simple suivie ou précédée d'une consonne (*an*, *il*,
bu,) ; — d'une voyelle simple ou composée précédée d'une ou de
deux consonnes (*ban*, *bru*, *bleu*,) ; — d'une voyelle simple ou composée entre deux consonnes sonores (*bal*, *jour*,) ; — de voyelles entre plusieurs consonnes sonores (*busc*, *mars*, *fleur*, *strict*,) ;
2º L'ORTHOGRAPHE COMPLEXE , formant trois catégories de
mots dont les difficultés augmentent progressivement, savoir : Mots
dans chacun desquels l'unique difficulté réside dans la terminaison, où
sont 1, 2, 3 lettres muettes (tu *as*, tu *pries*, ils *plient*) —Mo
dans chacun desquels une seule syllabe contient un équivalent
usuel (*aimé*, *chantez*) ; — Mots contenant ou plusieurs difficultés ou
des combinaisons exceptionnelles (*rougissent*, *Metz*, *orchestre*,
paon, *regnicole*) ;
3º DES APPLICATIONS morales et graduées, dans lesquelles l'orthographe simple et l'orthographe complexe sont mélangées.

Avantages

caractéristiques de cette méthode.

1. Graduation des syllabes et des mots selon les difficultés maté-
rielles.

2. Graduation des applications et des phrases selon l'intelligence présumée des lecteurs.

3. Augmentation progressive dans l'étendue des phrases, depuis deux mots jusqu'à 10 ou 12 lignes ; depuis la plus simple proposition de la prose jusqu'aux longues périodes de la poésie.

4. Majuscules dans toutes les classes.

5. Idée de liaisons dès la 2e classe (*un an, on ar-me*).

6. Aucune syllabe inusitée, puisqu'elles sont dans des mots.

7. Séparation rationnelle des syllabes à consonnes redoublées *vi-lla-ge, il-lé-gal, bel-le, baill-eur*).

(8. Assez, mais pas trop de mots syllabés.

9. Rapprochements très-essentiels dans les applications : (Ils PA-RENT leur PARENT. — Une *sybille* qui *babille*).

10. Rien à *deviner*, tout à *retenir*.

11. Point de faux principes, mais beaucoup d'exemples.

12. Exercices sur tous les repos de la ponctuation.

13. Orthographe complexe répartie dans toutes les classes, et marchant de front avec l'orthographe simple.

14. Ainsi, lecture de mots tels que : *au, ce, en*, dès la deuxième classe.

15. Point d'accumulation de difficultés dans une même classe.

16. Récapitulation dans chaque classe, mais dans d'autres mots, des difficultés usuelles des classes précédentes.

17. Transition presque insensible d'une classe à une autre, et passage facile des mots syllabés aux mots non syllabés.

18. Lecture courante RÉELLE à la 7e classe.

19. Choix d'applications et de phrases formant, à partir de la 3e classe, un cours de morale que le maître pourra développer.

20. Nombre égal de leçons par classe ; concordance dans les études. — Avantage que les praticiens apprécieront.

21. Autant d'éléments divers que les méthodes les plus complètes.

22. Modicité du prix.

23. Chaque partie se vend séparément, en livre ou en tableaux.

24. Elle convient à tous les modes avec ou sans épellation, quels que soient les procédés et l'appellation.

25. Enfin, c'est un resumé des avantages contenus dans les meilleures méthodes qui ont paru de 1700 à 1838, parmi lesquelles nous citerons celles de MM. Jomard, Peigné, Lamotte et Michelot, Dupont (de l'Hérault), l'abbé Gaultier, Tisserand, Morin, Putot, comte de Lasteyrie, Butet (de la Sarthe), Maitre, Grisel, Vernhes Leclerc, Herpin, Alphonse Comte, Laffore, Lemare, Dumas (1732) Py-Poulain-Delaunay (1719), D. de V et la *Nouvelle manière d'écrire comme on parle en français*, par le Père***, religieux Augustin(1713). etc., etc., etc.

Procédés.

Convaincu par plus de 16 ans d'expérience, que *ce n'est qu'en lisant qu'on apprend à lire*, et que, pour lire, il est indispensable de BIEN PERCEVOIR tous les éléments des mots, l'auteur rejète tout exercice qui ne mène pas directement au but, et adopte l'épellation, l'ancienne de préférence à la nouvelle.

Chaque leçon sera lue par *trois procédés*, c'est-à-dire, de trois manières différentes dans la même séance.

LETTRES (1re Cl.) — 1o L'élève répète une lettre indiquée et *noncée d'abord par le maître*. On suit l'ordre alphabétique. — 2o L'élève énonce *seul* une lettre. On suit encore l'ordre alphabétique — 3o L'élève énonce *seul* une lettre, mais on ira de droite à gauche, de haut en bas, de bas en bau .

MOTS SYLLABÉS. (2e, 3e, 4e, 5e Cl.)—1o L'élève énonce les lettres d'un mot, et le maître en assemble à mesure les syllabes. Soit RÉ-COLTÉ : EL. *r*, *é*, MAÎTRE *ré*; EL. *c*, *o*, *l*, M. *col*; EL. *t*, *é*, M. *té*, *récolté*. — 2o L'élève épèle un mot et en assemble seul les syllabes, *r*, *é*, *ré*, *c*, *o*, *l*, *col*; *t*, *é*, *té*, *récolté*.—3o L'élève lit syllabe à syllabe sans épeler ; *ré*, *col*, *té*. Après avoir suivi l'ordre vertical, on suivra l'ordre horizontal.

APPLICATIONS (2e ; 3e, 4e , 5e Cl.) et PHRASES GRADUÉES, (6e Cl.) — 1o L'élève lit *syllabe* à *syllabe*, sans épeler; puis le maître relit la même partie couramment, en observant les liaisons, la ponctuation et les inflexions de la voix. — 2o L'élève lit une partie d'abord *mot à mot*, puis *couramment* comme le maître l'a lue au premier procédé. — 3o L'élève lit une partie *couramment* (sans la lire d'abord mot à mot), en observant, autant que possible, les liaisons, la ponctuation et les inflexions de la voix.

LECTURE COURANTE , (7e Cl.) L'élève observera les liaisons et la ponctuation, et s'efforcera d'acquérir une bonne diction.

———

Le même ouvrage, en **36 tableaux in-folio**,
à l'usage des **écoles, 1 fr. 25 c.**

PREMIÈRE PARTIE.

1ʳᵉ CLASSE.

ALPHABETS.

PREMIERE CLASSE,

1re, 2e, 3e *Leçon.*

Mineures cursives.

a b c d

$é$ f g h

i j k l

m n o p

q r s t

u v w x

— y z —

4ᵉ, 5ᵉ, 6ᵉ *Leçon.*

Mineures romaines.

a b c d

é f g h

i j k l

m n o p

q r s t

u v w x

—   y   z   —

7e, 8e, 9e *Leçon.*

Lettres accentuées
et différentes sortes d'E.

			ë	ü	ç
´	`	^	ë	ü	ç
á	î	ô	è	â	é
û	ê	è	ô	œ	î
é	e	œ	ê	e	û

10e, 11e, 12e Leçon.

Majeures romaines.

A B C D

É F G H

I J K L

M N O P

Q R S T

U V W X

Y Z

1. C

13e, 14e, 15e Leçon:

Majeures cursives:

$$A \quad B \quad C \quad D$$

$$E \quad F \quad G \quad H$$

$$I \quad J \quad K \quad L$$

$$M \quad N \quad O \quad P$$

$$Q \quad R \quad S \quad T$$

$$U \quad V \quad W \quad X$$

$$Y \quad Z$$

—

MOTS

Ayant AU PLUS deux syllabes,

et deux lettres par syllabe.

—

Applications de deux mots.

1re *Leçon.*

An	te	os	i-ra
Eu	fi!	us	o-de
on	mi	ut.	ô-té
ou	ni	A-a	o-ve
un.	ri	A-ï	u-ne
Fa	si	I-o	u-ni,
la	do	A-ar	bo-a
ma	bu	a-ga	fi-a
sa	dû	a-mi	Go-a
ta	lu	â-me	mu-a
va	mu	a-re	ni-a
dé	nu	a-zi	su-a
né	pu	é-cu	tu-a
ré	su	é-lu	li-é
té	tu	é-mu	nu-é
de	vu.	é-pi	ru-é
je	As	é-té	Zo-é
le	ès	è-re	du-o.
me	if	E-ve	
ne	il	I-da	
se	or	î-le	

2e Leçon.

An-se	bé-ni	cô-té
in-du	bê-la	cô-ta
In-de	bê-te	Cu-ba
in-su	bi-le	cu-bé
on-de	bi-né	cu-ré
on-ze	bo-me	cu-ve.
un ru	bo-ni	Da-me
Eu-re	bu-be	da-te
Oi-bo	bu-re.	dé-fi
ou-ïr	Ca-di	dé-jà
Ca-ïn	ca-fé	dé-ni
Lé-on	ca-le	de-là
ki-on	ca-ne	de-mi
li-on	ca-pe	dî-me
Si-on.	ca-ve	dî-né
Ba-de	co-co	di-re
Bâ-le	co-de	di-te
bâ-ti	co-ke	do-du.
ba-ve	cô-ne	

3º Leçon.

dô-me	fo-ré	Ka-li
do-ré	fu-mé	ki-lo
do-ta	Ga-la	Ko-la
du-ne	ga-re	Ku-mi.
du-pé	ga-té	La-ma
du-pe	ga-ze	la-me
du-ra	ga-zé	l'âne
Fa-de	go-bé.	la-pé
fa-né	Ja-de	la-vé
fe-ra	ja-le	le-va
fé-tu	Ja-va	lè-ve
fê-lé	je-té	li-me
fê-té	jè-te	li-mé
fê-te	jo-li	li-ra
fè-ve	j'ô-te	lo-be
fi-la	Ju-da	Lo-di
fi-ne	ju-pe	lo-to
fi-ni	ju-ré	lu-ne
fe-ra	Ju-ra.	

4ᵉ Leçon.

Ma-re	mu-ni	pâ-le
ma-ri	mu-ré	pâ-li
mâ-le	mû-re	pâ-te
mâ-té	mû-ri.	pâ-té
mê-la	Né-va	pâ-ti
mê-le	Ni-na	Pé-gu
mê-me	no-ne	pé-ri
mè-re	no-ta	pè-le
me-nu	no-té	pè-re
me-né	no-te	pe-la
mi-di	Nu-ma.	pi-le
mi-mé	Pa-né	pi-pe
Mi-na	pa-pa	pi-re
mi-né	pa-pe	Po-pe
mi-re	pa-ra	po-re
mo-de	pa-ré	pô-le
mo-ka	pa-ri	pu-ni
mô-le	pa-ru	pu-re.
mu-le	pa-vé	

5e *Leçon.*

Ra-de	ro-be	so-lo
ra-me	Ro-me	su-bi
ra-re	rô-da	sû-re.
ra-te	rô-le	Ta-pé
ra-vi	rô-ti	ta-pe
ra-ve	ru-de.	ta-pi
râ-le	Sa-lé	ta-re
râ-pé	sa-li	tâ-té
rê-ve	sa-pé	te-nu
rê-vé	se-mé	tê-te
re-du	se-ra	tê-tu
re-lu	sé-né	ti-ré
re-pu	sé-vi	Ti-ta
re-vu	sè-me	Ti-te
ri-dé	sè-ve	tô-le
ri-me	si-re	to-me
ri-re	si-te	to-re
ri-va	so-fa	tu-be.
ri-ve	so-le	

6ᵉ *Leçon.*

Va-de	zé-lé	or-ne
va-lu	zé-ro	or-né
ve-lu	zè-le	or-na
ve-nu	zi-zi	ul-ve
vé-cu	zo-na	ur-ne,
vé-to	zô-ne.	Jo-ab
vê-tu	Ac-te	Jo-ad
vi-da	Ag-de	Ba-al
vi-de	Al-be	fé-al
vi-dé	ap-te	ré-al
vi-le	ar-du	Jo-am
vi-ré	ar-me	Si-am
vi-te	ar-mé	Bi-as
vi-ve	Ar-no	Jo-as
vo-le	As-ti	Ma-ès
vo-lé	Ig-né	la-ïc
vo-mi	Ir-ma	na-ïf
vo-ta	op-ta	za-ïm
vo-te.	op-té.	ma-ïs
Za-ra	or-be	Bo-oz
zé-bu	or-me	Sa-ül.

Lettres muettes.

7e *Leçon.*

—1°—	tu-és	ha-ha
bu-ée	fi-és	ha-ï
fi-ée	nu-és	hâ-le
li-ée	.. os	hâ-te
ni-ée	du-os	hâ-ve
nu-ée	i-os.	hê-le
ru-ée	Bé-at	hè-re
tu-ée	nu-ât	hé !
a-ïe !	tu-ât	Hé-bé
ou-ïe.	mu-ât	hi-a
Tu as	su-ât	ho !
fi-as	ru-ât	ho-là !
mu-as	pu-ât	hô-te
nu-as	ni-ât.	hu-é
pu-as	Ah !	hu-ma
su-as	ah-ah	hu-nè
li-és	oh !	hu-pe
ni-és	—2°—	hu-re.
ru-és	Ha !	

Equivalents usuels.

8ᵉ Leçon.

E lu *è*	*AI=é*	*ER=é*
Ed-me	ai-da	mu-er
El-be	ai-dé	fi-er
El-me	ai-gu	li-er
er-go	ai-je…?	pu-er
er-se	ai-lé	ni-er
es-ta	ai-ma	ru-er
es-té	ai-mé	su-er
Et-na	ai-ra	tu-er.
du-el	ai-ré	*EZ=é*
No-ël	aî-né	nu-ez
ré-el.	tu-ai	su-ez
AI=è	su-ai	fi-ez
ai-de	ru-ai	ri-ez
ai-le	pu-ai	mu-ez
ai-me	nu-ai	tu-ez
ai-ne	ni-ai	ni-ez
ai-re.	li-ai	ru-ez
	fi-ai.	li-ez.

9e *Leçon.*

$Y=i$	ty-pe	en
by	Al-by	en-ta
d'y	O-by	en-té
j'y	Or-ly	en-te.
l'y	Re-my	$AM=an$
m'y	ju-ry	am-be
n'y	Mé-ry	am-bi
Ry	U-ry	am-pa.
s'y	Lu-zy	$EM=an$
t'y	Su-zy	em-bu.
Y-lo	Vi-zy.	$IM=in$
Ya-le	$AU=o'$	im-bu.
ya-pa	au	$OM=on$
Yé-do	Au-be	Om-ba
yo-le	au-be	Ri-om.
yu	Au-de	$Œ=é$
Yu-pi	au-na	Œ-mé
Dy-le	au-né	Œ-no
Ly-on	au-ne	Œ-ta.
ly-re	au-ra.	$ŒU=eu$
Ny-on	$EN=an$	œu-vé.

10e *Leçon.*

G lu *j*	ga-gé	ci-té
ge-lé	ju-gé	ci-ve
gé-mi	lo-gé	fa-ce
gé-ré	na-gé	la-cé
gê-na	a-gi	ra-ce
gè-le	mu-gi	vi-ce
gê-ne	ru-gi.	no-ce
gî-te	*C=s'*	pu-ce
l'â-ge	cè-de	su-cé
an-ge	cè-ne	on-ce
ca-ge	cé-dé	ce-ci
ga-ge	cé-lé	çà
do-ge	ce	la-ça
lo-ge	ce-la	de-ça
pa-ge	ci	su-ça
ra-ge	i-ci	dé-çu
sa-ge	ci-me	re-çu.
â-gé	ci-ra	
fi-gé	ci-re	

11e Leçon.

S = z'	j'o-se	fi-xa
ba-sa	lè-se	mo-xa
mu-sa	Li-se	ta-xa
o-sa	mi-se	Ax
pe-sa	mu-se	a-xe
ra-sa	Oi-se	bo-xe
vi-sa	po-se	fi-xe
ca-sé	ra-se	lu-xe
lé-sé	ro-se	ri-xe
o-sé	ru-se	Sa-xe
pe-sé	si-se	ta-xe
ru-sé	s'u-se	bo-xé
po-sé	va-se.	fi-xé
u-sé	W = v'	ta-xé
vi-se	Wa-ab	Xi-mo
ba-se	Wa-ès	xo-lo
bu-se	Wa-ra.	xu-ta.
ca-se	X = ks'	Q-q.
do-se	bo-xa	

Difficultés, Exceptions.

12e *Leçon.*

A	hu-és.	*U*
ha-hé!	*I*	hu-ée.
ha-se	hi-ez	il a eu
Ha-xo	Hy-dc	Yu-ho.
hi-as	ha-ïe	*V*
hu-as	ha-ïs	Wa-sa.
Gi-at	ha-ït	*EX=èks'*
hu-ât.	Lu-cy	ex ju-ge.
E	Gy	*EX=égz'*
ai-se	Oi-sy	ex-il.
ay-ra	Gi-zy.	*AY=éi*
tu es	*EN=in*	ay-ez.
es-tu	li-en	Ed-da
Er-vy	Gi-en.	el-le
ey-ri.	*ó*	Em-ma
É	Au-gé	An-na
ai-sé	au-ge	in-né
eh!	Au-xy.	er-ra
et	*UM=ome*	er-ré
hu-ai	gé-um.	er-re
hi-er		es-se.

Lecture de 2 mots.

13e *Leçon*.

Le Pô,	A-t-il	On t'a
un dé,	vu Ax?	dû là.
ce té,	Où va	Oh! va
Tu es	ce ru?	de là
né là,	Eh! si	à Gy.
à Eu.	tu as	Ai-je
Il n'a	bu ça!	ou su
ni ri,	On va	ou pu...?
ni lu.	du la	Un pè·re
Or ça	au ré.	un gé·um,
es-tu	Ah fi!	le mô·le,
à nu?	On t'y	le on·ze,
Il a	a vu.	ce yu·ca,
do, mi	As-tu	du co·ke,
et fa.	eu ça?	

du zè.le,
au pô.le.
La Dy.le,
la hu.ée,
ma ro.se,
ta pi.pe,
sa hu.re.
En pâ.te,
en tô.le,
de l'è.re.
Je hi.ai.
Je n'o.se
m'y fi.er.
J'y j'è.te
un ki.lo.
Tu ha.ïs,
il gè.le,

s'u.se-t-il ?
on hê.le,
ne ri.ez.
De Gi.en
à Gi.at.
El.le m'a
tû ce.la.
A-t-el.le
vu Oi.sy ?
Un hè.re
s'y tu.a.
Me li.er,
te ha.ïr,
se ri.re.
Ai.me-le,
ô Fo.é !

14e Leçon.

U·ne mè·re, Ni·na ga·ge,
u·ne ly·re, Et·na fu·me,
u·ne ha·se Ca·ïn ju·gé,
J'ô·te l'é·cu, pa·vé ai·gu,
el·le bê·le, la·ïc vê·tu,
el·le ha·ït, dô·me do·ré,
ay·ez cé·lé, Sa·ül dé·çu,
li·ez Zo·é, l'a·xe fi·xé,
Re·my fê·ta OE·mé ha·ïe,
Hy·de cè·de, sé·né ga·té,
Lé·on bo·xa, i·os tu·és,
Mé·ry dî·ne, mâ·le ru·sé,
Hé·li su·ça to·me fi·ni,
zi·zi vo·le, fa·ce hâ·ve,
Wa·sa sè·me, cô·té râ·pé,
Po·pe rê·va, gî·te bâ·ti,

on·de pu·re, l'î·le Xi·mo,
so·lo ai·sé, mê·me Cu·ba !
ra·de sû·re, Ny·on i·ra
go·de œu·vé, li·re ce·la :
fê·ve mû·re, Au·xy, Lu·cy,
rô·ti sa·lé, Al·by, Su·zy,
ca·fé mo·ka, Ag·de, Er·vy
ro·be d'I·da, et Ko·la.
tê·te d'â·ne, Ho·là, Hé·bé !
da·me d'A·ï, Jo·as di·ra
Dé·jà Ja·va? ce·ci : zô·ne,
Zé·no au·ra ig·né, in·né,
re·vu Ku·mi, hi·ât, ed·da,
Ya·le, Yé·do, et em·bu.

Liaisons.

15ᵉ Leçon.

Un‿an,	en es·se,
un as,	en ex·il,
un if,	en In·ca.
un O,	On‿ar·me,
un un,	on er·ra,
un us,	on es·te,
un ut,	on i·ra,
en‿or,	on or·na,
en os,	on u·sa;
en un;	as‿u·sé,
on‿a.	os u·ni,
Un‿ac·te,	ri·ez-en,
un am·be,	nu·ez-y.
un ay·ra,	El·le a,
un ey·ri,	on·ze os.
un‿o·ve,	Li·er‿An·na
un hô·te,	ni·er È·ve,
en‿a·mi,	hi·er i·ci,
en é·té,	hu·er O·gé,
en el·le,	

ou·ïr Hu·go.
Va-t-el·le?
Fe·ra-t-on
u·ne ur·ne?
Gê·ne-t-il,
l'ô·te-t-il,
lè-ve-t-on?
Vi·ve Ha·xo!
Bo·oz_â·gé,
ay·ez é·lu,
li·ez Ir·ma,
ay·ez au·né.
No·ël_aî·né,
za·ïm ai·mé,
Jo·ad ar·ma,
Bi·as ai·da,

ma·ïs ô·té,
Ma·ès é·mu.
El·le au·ra
u·ne ul·ve.
Jo·ab_op·ta
l'î·le Om·ba.
sa·ge Al·i,
ai·de Em·ma.
Si·am i·ci !
Tu as_eu.
Tu es ¦im·bu.
N'y a-t-el·le ?
Un_ex_a·ga
se·ra-t-il
ap·te à ça
en_un_an ?

Le même ouvrage,

EN TRENTE-SIX TABLEAUX,

à l'usage des écoles, 1 fr. 25.

———

On vend chaque classe séparément.

www.ingramcontent.com/pod-product-compliance
Lightning Source LLC
Chambersburg PA
CBHW060806280326
41934CB00010B/2578

9 782019 177935